AF230667

NOCES D'OR

DE LA

Conférence de Saint-Vincent de Paul

1856-1906

CÉRÉMONIE

DES

NOCES D'OR

DE LA

Conférence de Saint-Vincent de Paul

PRÉSIDÉE PAR

S. G. Mgr GUÉRARD

Évêque de Coutances et Avranches

26 JUIN 1906

SAINT-LO

IMPRIMERIE JACQUELINE

NOCES D'OR

DE LA

CONFÉRENCE DE SAINT-VINCENT DE PAUL

Rapport de M. l'Abbé Grente. — Allocution de S. G. Mgr Guérard. — Comptes-rendus de la Presse. — Liste des Anciens Membres de la Conférence.

Le mardi 26 juin 1906, à 4 heures de relevée, la Conférence de Saint-Vincent de Paul établie au Collège diocésain de Saint-Lo en l'année scolaire 1855-1856 a célébré ses Noces d'Or. S. G. Mgr Guérard, Évêque de Coutances et Avranches, présidait la cérémonie qui eut lieu dans la salle des Fêtes de l'Etablissement.

La statue de saint Vincent de Paul se dressait au fond de la salle, dans un élégant massif de verdure et de fleurs; écussons et drapeaux ornaient les murs, mais surtout une société d'élite formait le plus riche décor de la fête. Dans l'assistance se trouvaient M. l'Abbé Lepetit, Vicaire général; M. le Chanoine Guérard; M. l'Archiprêtre de Saint-Lo et M. le Curé de Sainte-Croix; M. le Chanoine Marie, Supérieur des Missionnaires de Notre-Dame-sur-Vire; MM. les Doyens de Carentan, Marigny, Lessay et Canisy; le Clergé de la ville; le Président et les Membres de la Conférence de Saint-Lo; M. le comte d'Osseville, Conseiller général; MM. Pannier-Lachaussée et Friteau, membres du Comité de l'Association des Anciens Élèves; M. le Docteur-Le Clerc, etc. et un grand nombre d'anciens membres de la Conférence.

Une cantate à l'honneur de saint Vincent de Paul fut d'abord brillamment enlevée par la Maîtrise du Collège. Puis, Mgr l'Évêque donna la parole à M. l'Abbé Grente, Directeur de la Conférence, qui prononça le discours suivant :

MONSEIGNEUR,
MESDAMES,
MESSIEURS,

Les anniversaires ont le privilège d'émouvoir les âmes : tristes ou joyeux, ils raniment en elles de lointains souvenirs, comme, à l'automne, les pas du promeneur remuent et soulèvent la jonchée des feuilles mortes dans les allées désertes. Leur retour émousse à la longue le sentiment, mais il retrouve soudain toute sa vigueur en des dates précises que la voix populaire orne de vocables naïvement solennels : les Noces d'Argent et les Noces d'Or. A notre époque d'activité fébrile, il paraît si étrange de tenir vingt-cinq ans la même fonction et d'atteindre surtout un demi-siècle, que les hommes et les œuvres parvenus à ces deux étapes sont naturellement inclinés à se féliciter et à se recueillir. Quand il s'agit de nous, Messieurs, cet arrêt dans notre course ne laisse pas d'être mélancolique : faut-il se bercer encore « des long espoirs et des vastes pensées », ou bien plutôt songer à la retraite qui précède le repos? Les œuvres s'abandonnent à une confiance moins précaire; car, elles considèrent la voie immense que leur déroule l'avenir, et elles savent que d'autres coureurs succédant aux premiers, de main en main, vaillamment circulera le flambeau.

C'est, Messieurs, pour nous réconforter ensemble par un spectacle de cet ordre que nous sommes réunis : la « Conférence de Saint-Vincent de Paul » du Collège célèbre son cinquantenaire. S'il n'avait fallu, toutefois, que s'enchanter un instant, par une sorte de revue cinématographique du passé, il était loisible de s'accorder cette distraction dans l'intimité familiale, sans convoquer officiellement une assemblée où la distinction le dispute au nombre, sans prier surtout Monseigneur l'Évêque d'en ajouter la présidence aux fatigues de son ministère pastoral. La question est plus haute : cet hommage rendu à la Charité, en même temps qu'il acquitte une dette de reconnaissance, stimule la génération contemporaine et sert à l'apologie de notre foi. Avez-vous remarqué, Messieurs, avec quelle célérité s'ébruitent le désordre et le mal, quelle publicité détaille le crime et en présente aux imaginations l'aliment vénéneux. N'est-il pas juste et nécessaire d'opposer à ces révélations démoralisantes le témoignage salubre des bonnes actions? La vertu est, en effet, saintement contagieuse, et, si son attrait austère n'exerce pas sur tous une irrésistible séduction, elle charme les esprits nobles et les cœurs droits. La vérité bénéficie elle-même du bien réalisé, car l'excellence des œuvres atteste la suprématie de la doctrine.

Retraçons donc, Messieurs, l'œuvre accomplie par la Charité dans ce Collège durant cinquante années. Oh ! certes, n'attendez ni prouesse brillante, ni même, à proprement parler, d'intéressants exploits : —

> Je compose mon cantique
> Des simples chants des hameaux,
> Je recueille la musique
> Qu'en passant font les ruisseaux.

Puissé-je seulement concilier votre sympathie à cette jeunesse qui s'enrôla dans la Conférence de Saint-Vincent de Paul, et d'année en année renouvela son contingent, sans que jamais aient défailli en elle l'esprit d'abnégation et la délicatesse du cœur. Puissiez-vous, surtout, Messieurs, concevoir une foi plus vive et un attachement plus intense pour Celui qui inspira de pareils dévouements, et dont je me reprocherais de ne pas offrir à votre adoration le nom béni, Notre Maître, le Fils de Dieu, Jésus-Christ.

Vous ne l'ignorez pas, Messieurs, huit étudiants de Paris ont fondé, en 1833, la Société de Saint-Vincent de Paul. Ils estimèrent que la charité individuelle manque parfois de discernement et demeure inégale : au torrent tumultueux qui roule en ses flots des germes opulents, et qui les abandonne çà et là, selon le hasard des rencontres, ils préférèrent le cours d'eau fidèle à suivre son lit régulier et à fournir son débit modeste, et bienfaisant par sa continuité même. Pour ménager à leur œuvre un céleste intercesseur et pour la rendre sympathique aux hommes, ils l'abritèrent sous le patronage de Vincent de Paul, un des saints les plus populaires. Ainsi allait se réaliser encore la promesse de Dieu à ses élus : du tombeau de Monsieur Vincent, comme d'une terre incessamment féconde, sortait une nouvelle tige. *Et ossa vestra quasi herba germinabunt* [1].

De Paris, l'œuvre gagna la province, essaima en Normandie, vint à Saint-Lo vers 1850, et durant l'année scolaire 1855-1856 elle entra au Collège.

Mgr Daniel, Évêque de Coutances, daigna présider à son installation, le 14 novembre 1855, et quand la jeune Société eut été agrégée à celle de Paris, le 9 juin 1856, l'éminent prélat rehaussa encore de sa présence la cérémonie de l'inauguration solennelle (2 juillet 1856) L'aube a une grâce charmante que la splendeur de midi ne parvient point à éclipser. Une ardeur juvénile s'empara aussitôt des organisateurs :

> Les beaux projets et les beaux zèles
> Y faisaient l'essai de leurs ailes.

Heureusement, une lettre directive de M. Baudon, Président général, et les conseils autorisés de M. Formey de Saint-Louvent, Président de la Conférence urbaine, qui assista toute l'année aux réunions hebdomadaires, permirent de dresser notre Conférence d'après le plan traditionnel. Un vestiaire fut créé, que remplirent bientôt « des couvertures et des aunes de toile » ; un magasin, établi, où les « boisseaux de froment et d'orge » disputèrent la place aux « cordes de bois » et aux « hectolitres de pommes de terre. » Et l'année s'écoula, joyeuse, favorable à l'espoir, car l'œuvre avait déjà groupé vingt-et-un

---

1. Isaïe, LXVI, 14.

élèves. Cependant, les ressources qui, après la première réunion, montaient exactement à vingt francs quarante, demeurèrent modiques, et, en juillet, les membres qui partaient léguèrent à leurs successeurs, avec quatre-vingt-dix-sept francs,

Un revenu léger et leur exemple à suivre [1].

En octobre 1857, Mgr Daniel confia aux Oratoriens la direction de l'Etablissement. Plusieurs d'entre eux, — spécialement le Père Lescœur, — avaient trop ressenti la bonne influence d'Ozanam et tous admiraient trop les bienfaits des Conférences parisiennes pour ne pas s'intéresser à l'œuvre. Dès le 13 octobre, le P. Adolphe Perraud en prit la direction ; et, le 21 octobre, le P. Pététot suggéra la création d'une bibliothèque à l'usage des pauvres. Ce ne fut pas seulement un honneur enviable, pour notre Conférence, d'avoir à sa tête celui qui devait devenir un jour Cardinal-Evêque d'Autun et membre de l'Académie Française, mais une singulière fortune. Il contribua largement, par le prestige que conquéraient déjà son talent et ses vertus, à implanter la Conférence dans l'estime de la Maison, et surtout à lui inspirer des pratiques religieuses. Aussi, quand il quitta le Collège en 1859, le Secrétaire put-il traduire de cette sorte le regret général : « Nous déplorons une perte bien sensible dans la personne du Père Adolphe Perraud ; pendant les deux années qu'il a dirigé nos œuvres, il a excité en nous l'amour de la Charité tant par ses conseils que par le zèle avec lequel il s'occupa de nos âmes [2] ». Cet humble mais fructueux ministère, le Cardinal ne l'oublia jamais ; et chaque fois qu'il revint au Collège, ni les obligations

---

1. Boileau, *Epître* V.
2. 3 novembre 1859.

du Supériorat de l'Oratoire, ni la dignité de l'Episcopat, ni les succès de l'Académie, ni la gloire de la pourpre, ne dérobèrent à ses yeux l'œuvre minuscule à laquelle il avait consacré les prémices de son Sacerdoce. Il tenait à présider une réunion de la Conférence, non seulement pour se rappeler un passé dont mieux encore que lui l'on gardait mémoire, mais pour prolonger l'écho de ses premiers conseils. Pourquoi sont-ils tombés, le Père Lemonnier, son successeur immédiat, et lui, l'année même où nous devions glorifier leurs travaux ? Réunis maintenant près de Dieu, ils suivent avec intérêt nos efforts et les secondent de leurs suffrages. Vous me permettrez, Messieurs, de les associer à cette fête qui les eût réjouis, et de leur adresser, au nom de la Conférence, l'hommage d'un souvenir qui ne peut ni disparaître ni s'atténuer.

A partir de 1859, la Société fonctionna régulièrement, et si MM. Alfred Baize, Casimir Gautier et Jules Desjardins, qui alors y entrèrent, assistaient à nos séances ou étudiaient l'organisation actuelle, ils constateraient que les hommes passent, mais que les œuvres restent.

* *

Voulez-vous, Messieurs, que nous vous introduisions un instant dans notre Conférence? Inaccessible à la foule, elle n'est pourtant pas secrète, et nous vous en dévoilerons sans détour tous les rouages.

Sur les cinq heures du soir, le mercredi de chaque semaine, se tiennent ordinairement les réunions Un président, assisté d'un secrétaire et d'un trésorier, en a fixé préalablement l'ordre du jour. La fonction présidentielle n'est point une agréable sinécure, et si le titulaire, élu par ses condisciples, reçoit quelque honneur de sa charge, peut-être, en dressant son bilan de fin d'année, estime-t-il que les préoccupations l'emportent encore. Mais les présidents successifs n'ont point ménagé à l'œuvre leur dévouement : qu'ils s'appellent Louis Olivier, Edmond Angérard, Paul Lepoultel, Stephen Achard de Leluardière, Théodore Postel ou Jules Blouet, ils se sont montrés dignes de la confiance qu'on leur témoignait, et puisque leur concours fut toujours utile et parfois nécessaire, nous devons leur offrir mieux qu'un compliment, un merci.

Après les prières accoutumées, le secrétaire prend le premier la parole : il lit le procès-verbal de la réunion précédente et consigne les faits susceptibles de mention. Au début, les comptes-rendus furent courts, réduits à quelques lignes. En 1865, M. Floscel Lemasurier, aujourd'hui Archiprêtre de Mortain, modifia leur allure. Avec lui, les particularités pittoresques et les allusions spirituelles vinrent égayer une prose que même l'esprit du P. Lechevallier n'avait pas su — ou voulu — dérider. Désormais, elles resteront, et en 1895 s'afficheront à l'excès. Les secrétaires s'engagèrent alors sur la voie qu'on leur avait imprudemment ouverte et se piquèrent d'être plus humoristiques que fidèles : le jet de leurs malices éclaboussait à la ronde ; mais, sans en tarir la source, on jugea opportun d'en contenir le cours.

Le trésorier résume ensuite le mouvement financier de la semaine : mission également délicate, où des Supérieurs de Grand Séminaire, des Chefs de section à la Caisse des Dépôts et Consignations, des Capitaines adjudants-majors et des notaires, révélèrent pour la première fois les qualités administratives qu'ils devaient déployer plus tard dans un domaine moins restreint.

Les membres de la Conférence, successivement interrogés,

rendent alors compte de leurs visites aux pauvres. Leur récit est souvent monotone, et des formules stéréotypées permettent à des débutants émus d'affronter sans catastrophe l'épreuve de la parole publique. Mais aussi, souvent, cette chronique édifie, quand, au travers, éclate la résignation du pauvre ou que transpire la charité des visiteurs.

Puis, le Directeur adresse une exhortation de circonstance. Sa présence assidue ne sembla pas, d'abord, nécessaire, et la simple remarque en prouvera aux jeunes que si nous louons sans mesure le temps passé, ce n'est pas sans motif. Avouons toutefois, pour rester impartial, que les procès-verbaux de cette époque héroïque n'accusent pas avec assez de relief la physionomie des réunions, et l'on a peut-être le droit de rester rêveur devant la phrase d'un secrétaire laconique : « Les membres de la Conférence se livrèrent alors à un entretien familier [1]. »

Le bon ordre de la réunion ne ressortit pas, du reste, au Directeur, mais au questeur. Ce surveillant redoutable qui taxe d'amende les délinquants de tout ordre fut créé en 1877. Le 2 novembre 1892, on décréta sa mort : « le besoin ne s'en étant pas fait sentir depuis le commencement de l'année », écrivait triomphalement M. le Secrétaire. Hélas ! il fallut déchanter, et la questure ne tarda pas à renaître. Elle est aujourd'hui plus florissante que jamais.

Le moment où les membres de la Société émettent leur avis sur les mesures proposées, votent des secours extraordinaires et prononcent l'admission des candidats, constitue assurément la partie la moins banale de la séance. La petite assemblée offre la miniature d'un parlement, avec cette réserve qu'ici l'on discute pour s'éclairer et qu'on s'arrête au seuil de la

---

1. 22 mars 1859.

dispute Mais le débat ne s'en poursuit pas moins vif et serré, et les procès-verbaux enregistrent de longues controverses, à la suite desquelles le conseil fut mis quelquefois en échec par une majorité récalcitrante. Jamais, cependant, Messieurs les ministres ne posèrent la question de confiance, et je n'oserais critiquer leur sagesse.

Vous voyez donc que loin d'étouffer l'initiative chez les jeunes gens, et de les plier sous un joug autoritaire, — comme ses détracteurs le reprochent à l'Enseignement libre avec âpreté et injustice, — on favorise, au contraire, leur esprit de réflexion, et on leur procure le moyen de prendre des décisions personnelles, qui seront de conséquence.

***

Tel est, Messieurs, le régime intérieur de notre Conférence. Chaque semaine elle révèle au dehors sa vitalité par la visite des pauvres.

Le commerce avec le pauvre caractérise très particulièrement la Société de Saint-Vincent de Paul. « Les dettes sont quérables et non portables », disent les jurisconsultes. Ozanam et ses amis pensèrent que la dette du riche envers le pauvre devait faire exception, et qu'il serait meilleur de l'acquitter spontanément au domicile des malheureux. C'est pourquoi, alors que beaucoup d'œuvres manifestent le zèle qui les anime par d'abondantes aumônes, la Société de Saint-Vincent de Paul choisit pour devise cette maxime touchante : « La manière de donner vaut mieux que ce qu'on donne », et s'applique surtout à présenter gracieusement le « verre d'eau » de l'Évangile. L'aumône, certes, est nécessssaire, et une parole, même affable, ne soulage pas la détresse L'affamé

interromprait brusquement les discours onctueux par le mot
du fabuliste :

> Hé ! mon ami, tire-moi du danger ;
> Tu feras après ta harangue !

Mais si la Charité se borne à enrayer la misère sans consoler le cœur, elle ne revêt pas sa plus séduisante parure.
Seule, la bienveillance du procédé touche le pauvre : quand
sa perspicacité, toujours en éveil, s'aperçoit que le secours lui
est octroyé dédaigneusement, ses lèvres murmurent un merci
de commande, où le cœur n'a nulle part. Il en est de l'aumône
comme du galet, poli par les flots et le sable de la mer : déposé
délicatement dans la main, il caresse et demeure ; jeté de haut,
il rebondit, souvent après avoir blessé.

J. Simon, louant un jour cette « action virile qui consiste
à porter sous le toit du pauvre la science de la vie, à ranimer
les courages et à donner de la fierté », ajoutait avec scepticisme :
« Nous craignons seulement qu'il n'y ait plus d'apôtres ! »
Grâce à Dieu, Messieurs, les faits démentent cette appréhension. Sans appeler à notre barre les innombrables membres
des Conférences de Saint-Vincent de Paul, qui ont honoré et
consolé le pauvre non moins que secouru, disons que depuis
cinquante ans se succèdent, dans ce Collège, des élèves heureux et fiers d'être les disciples du Bon Samaritain. Ils ont
volontairement renoncé à des distractions faciles, et tandis que
le jeu, les gais propos, et les amusements convenables à leur
âge les pouvaient retenir, ils se sont imposé la mission d'aller
gravement visiter le pauvre et de lui montrer les prévenances
de la charité chrétienne. Qu'on n'objecte pas à leur égard
quelque secret penchant pour une promenade de surcroît. Non,
aucun sentiment vulgaire ne peut conduire le jeune homme

vers ces logements délabrés, vers ces malheureux qu'attriste la détresse ou la souffrance. M. de Renty, croisant une Fille de la Charité dans l'escalier d'un pauvre, lui demanda : « Que cherchez-vous, ma Sœur ? — Monsieur, je cherche Jésus-Christ [1]. » Ces jeunes gens aussi, Messieurs ! Ils savent qu'en dernière analyse, ils ne visitent point les indigents, mais le Sauveur lui-même présent en eux, et qui découvre sur leur front, à des yeux éclairés par la foi, la trace ensanglantée de ses épines.

Les visites se font régulièrement le dimanche, le lundi ou le mardi. Les élèves sortirent seuls d'abord, mais dès 1856, un professeur les accompagna. Aussi, décerna-t-on le titre de « Membre d'honneur de la Conférence », à tous les maîtres de la Maison. Ils n'ont, Messieurs, cessé de le mériter. Une condescendance que ne lassent pas même des invitations indiscrètes, un dévouement que ne rebutent ni la fatigue de leurs obédiences, ni l'intempérie de la saison, leur acquièrent, depuis cinquante ans, la respectueuse gratitude de la Conférence : c'est justice de l'exprimer publiquement à ceux qui créèrent ces traditions, et à ceux qui les perpétuent.

Le nombre des familles ainsi visitées a nécessairement varié pendant un demi-siècle : s'il atteignit trente-deux, il ne descendit jamais au-dessous de quinze et s'est habituelllement maintenu aux alentours de vingt. L'appui, toujours judicieux, du clergé de Notre-Dame et de Sainte-Croix est la meilleure condition de notre bon accueil. L'usage prévalut longtemps de laisser les membres de la Conférence visiter ces familles à tour de rôle : on estimait que la vue des différentes misères apitoierait davantage et susciterait une répartition plus équitable des secours. Mais, en 1892, on reprit l'ancienne ma-

---

1. Mgr Bougaud, *Vie de Saint-Vincent de Paul*, t. I, 321.

nière, généralement suivie, d'ailleurs, dans toutes les Conférences. Une famille est attribuée aux principaux membres de
la Société, et ils en ont respectivement la garde. Le visiteur
attitré s'intéresse alors plus directement à ses pauvres ; et
rien ne divertirait autant, s'il ne touchait d'abord, de voir
avec quelle vaillance et quelle vigueur d'arguments chacun
défend les droits de ses protégés à quelque libéralité extraor-
dinaire.

Les visiteurs remettent aux familles des bons de pain et de
viande, apportent des livres, donnent des friandises aux
enfants, mais surtout ils encouragent et consolent, et par le
souci qu'ils prennent de leur salut, ils prouvent aux pauvres
qu'ils croient à l'égalité des âmes devant le Père commun des
cieux. Peut-être — il faut bien des ombres au tableau —
n'a-t-on pas toujours pratiqué suffisamment ce fructueux
apostolat : une certaine timidité, où le respect humain se
glissait inconsciemment, refrénait sur les lèvres la parole de
vie qui eût levé comme un germe fécond. Et pourtant,
si l'on nous accueille à l'exclusion de la vérité qui justement
nous envoie, quel sera le gain suprême de nos efforts ?
Pourquoi, mes Enfants, ne pas suivre le conseil que nous
proposait jadis un ancien membre de la Conférence, le
R. P. Jeanne, de grande et chère mémoire :

> Soyez bons, soyez doux à l'humaine détresse....
> Et si vous en trouvez d'aigris par l'infortune
> Au point que la bonté leur paraisse importune,
> Qu'ils repoussent vos soins avec votre amitié,
> Triomphez de leur haine à force de pitié.
> Dites-leur qu'il est faux que Dieu, tyran avide,
> Se plaise à voir nos pleurs du haut de son ciel vide ;
> Et pour calmer des maux qui ne peuvent guérir,
> Montrez-leur où s'apprend le grand art de souffrir.

Les vacances interrompent inévitablement les visites. Des externes, cependant, ont souvent poursuivi leur œuvre charitable, et des internes, de passage à Saint-Lo ou venus tout exprès, ont offert le même gage de fidélité touchante.

A la distribution hebdomadaire des secours s'en ajoute une autre, d'un caractère particulier, le déjeuner des petits pauvres. Les enfants des familles visitées se rendent, en effet, deux fois par semaine, au Collège, où deux membres de la Conférence leur font apprendre et réciter, soit des prières, soit des leçons de catéchisme appropriées à leur âge. Cette œuvre organisée le 30 Mai 1859 n'a subi aucune déchéance. Les élèves, improvisés momentanément professeurs, distribuent des notes à leur tour, décernent des compliments ou infligent des punitions, et comprennent vite, au contact de ce petit monde turbulent et fruste, qu'il est singulièrement difficile de conduire les hommes. Outre le bon point populaire, il y a des récompenses plus solennelles, plus pratiques aussi et généralement fort goûtées ; ne serait-ce que cette distribution de prix — jouets et vêtements — qui termine l'année scolaire. L'origine en remonte à 1889 : le zélé Père Durel en fut le promoteur. Jamais innovation ne rencontra pareil applaudissement et ne jouit d'une faveur si constante. Il faudrait, Messieurs, de hautes couleurs et un pinceau légèrement réaliste pour reproduire une image saisissante de la fête. Elle débute par un banquet tenu sous la galerie de la cour des grands. Les petits pauvres s'asseoient d'abord timidement à cette table cérémonieuse et regardent parfois les couverts comme des obstacles inutiles, inventés pour compliquer le manger et le boire. Mais dès que le Président et les Sociétaires qui partagent leur repas leur ont donné le ton des « gens de qualité », la « joie communicative » s'empare bientôt et sans retour des convives rassurés. D'autres membres de la Conférence les servent avec une sollicitude et un respect édifiants ; et jamais l'échanson de César ne lui versa le noble Falerne aussi majestueusement que nos élèves, à leurs hôtes, le vin démocratique emprunté à la cave même des Professeurs ! Quand ils ont savouré à discrétion, — jamais plus — leur menu copieux, les invités sont charmés par les accords de la musique, qui a permission, ce jour-là, loin du Chef, de tirer tous les jeux. Même en certaines années, des « fêtes foraines », kermesses, cavalcades, furent organisées dans un savant impromptu pour donner, sans doute, aux petits pauvres une impression rétrospective du Paradis terrestre.

* *

Gardons-nous de penser, Messieurs, que notre Conférence borne son zèle aux seuls exercices de la charité. Le Cardinal Richard, Archevêque de Paris, s'adressant à la jeunesse catholique, lui disait : « Les fondateurs des Conférences de Saint-Vincent de Paul ne se sont pas contentés d'être des hommes d'action, des hommes de bonnes œuvres ; ils ont été des hommes de prière. Grâce à eux, la prière a passé dans nos mœurs [1]. » Chez nous aussi la piété est en honneur, mieux encore, en pratique. Dès le début, les premiers membres ne cachèrent pas leurs sentiments ; et presque tous les procès-verbaux mentionnent des prières adressées à Dieu « pour qu'Il touche le cœur des pauvres ». Cet esprit religieux subsiste : un courant de vie surnaturelle circule dans la Conférence et unit par des liens mystérieux les membres actuels aux anciens. Pourquoi vous cacherai-je qu'avant de

---

1. Deuxième Assemblée générale de l'Association catholique de la Jeunesse française, 3 Juin 1889.

visiter les pauvres les élèves entrent un instant à la Chapelle, pour préciser la signification de leur démarche? Quant aux anciens membres, non seulement leur souvenir est porté devant Dieu, lors de chaque réunion et de la Messe mensuelle, mais sitôt apprise la nouvelle de leur mort, on récite des prières et l'on fait célébrer une messe pour le repos de leur âme. Ce sont là, Messieurs, les manifestations extérieures d'un sentiment profond. Nous savons de l'Apôtre que « la piété a les promesses de la vie présente et de la vie future », qu'à son défaut une œuvre est mal assise sur des fondements ruineux, et qu'elle lui apporte, au contraire, une certitude de vigueur et une garantie de durée.

*
* *

N'avais-je pas raison de vous en prévenir loyalement? Les faits très simples qui composent notre histoire ne provoquent point l'admiration, et pour soutenir l'intérêt ils s'en fient à votre indulgence. Quelques incidents inaccoutumés en ont pourtant égayé la trame.

Certain pélerinage à la Chapelle-sur-Vire, par exemple, qu'embéllirent la présence du P. Mariotte et la prédication de M. Blanchet, fut, en 1883, « une fête délicieuse », dont on goûta « le charme presque céleste. » Signalons encore les réunions solennelles de juillet et de décembre. Tour à tour, les sociétaires ont vu paraître au fauteuil présidentiel avec MM. les Archiprêtres de Saint-Lo et les Curés de Sainte-Croix, S. E. le Cardinal Guilbert, alors Archiprêtre de Valognes ; MM. les Vicaires généraux Durel, Tirhard et Lepetit; M. Legoupil, Archiprêtre de Cherbourg; les RR. PP. Pétélot, Lescœur, Ch. Perraud, Nouvelle et Largent ; le

« poëte-apôtre » Barbey d'Aurevilly ; MM. Marquet et Bizon, Supérieurs des Grands Séminaires de Bayeux et de Coutances ; M. Didio, Vice-Recteur des Facultés catholiques de Lille, — et nombre d'ecclésiastiques, plus considérés encore pour leurs vertus que pour leurs dignités.

A d'autres dates, la Conférence se glorifie d'avoir reçu la visite de grands personnages. Nous avons rappelé déjà la bienveillance du Cardinal Perraud. Celle des Evêques de Coutances n'est pas moins flatteuse. Mgr Daniel, qui avait béni les débuts de la Conférence, présida plusieurs fois ses fêtes. Mgr Bravard fut encore plus assidu : il s'intéressait dans le détail à ses progrès, et conseilla d'organiser des séances littéraires au profit des pauvres. Le 20 novembre 1863, il « recommanda aux élèves, dit le procès-verbal, d'inviter les personnes de la ville versées en littérature, et surtout celles dont la littérature consiste en une bourse bien garnie ». Mgr Germain accorda pareillement à notre Société le bienfait de sa présence et de sa parole ; un jour même, le 20 janvier 1878, il vint accompagné de son ami, M. Ducellier, le futur évêque de Bayonne, mort archevêque de Besançon.

Que le vénéré successeur de ces prélats daigne aujourd'hui favoriser la Conférence en présidant la cérémonie des Noces d'Or, nous avons le droit d'en être fiers, non surpris : les traditions charitables de saint Lo ne cessent pas de briller sur son siège épiscopal. Mais que Votre Grandeur, personnellement, nous ait concédé cette grâce avec l'empressement le plus affable, nous en sommes moins surpris encore. N'a-t-on pas vu, à Rennes, une femme intelligente et pieuse se consacrer activement au bien, diriger l'Œuvre de la Maternité avec un zèle entraînant, monter d'un pas alerte aux mansardes, insouciante de quatre-vingts ans passés, et continuer aux pauvres ses largesses, jusqu'au jour où elle mourut — quelques mois trop tôt, si Dieu, insondable en ses desseins, ne l'avait jugée digne d'une autre récompense. Nous connaissons trop, Monseigneur, le culte touchant que lui vouent ses fils, pour n'être pas assurés que, fidèles au souvenir de sa tendresse, ils ont encore plus à cœur de l'honorer, en suivant l'exemple de ses vertus.

.·.

Enfin, Messieurs, la Conférence du Collège ne limite pas sa bienfaisance aux familles qu'elle a spontanément adoptées. Ses vues plus larges embrassent l'horizon. Partout où gémit une souffrance digne de pitié, partout où s'élabore un projet capable de mériter son estime, elle s'associe à cette œuvre ou subvient à cette détresse. Ainsi a-t-elle manifesté son attachement au Saint-Siège apostolique en envoyant une offrande à Pie IX [1] pour le cinquantième anniversaire de sa consécration, et à Léon XIII [2] pour son double jubilé sacerdotal et épiscopal.

La Basilique de Montmartre, grâce à la religieuse initiative du P. Lenvoisé, a reçu pareillement ses oboles : maintes fois répétées, elles atteignent presque le chiffre de deux cents francs.

Dès 1859, les soldats blessés dans la guerre d'Italie obtiennent, les premiers, un secours ; puis, des familles catholiques exilées de la Suède, et, en 1866, les sinistrés de la Guadeloupe.

L'Œuvre des Petits Arabes est gratifiée de trois cents francs en 1872, 1873, 1874 ; et, en 1875, cent francs prouvent aux inondés du Sud-Ouest de la France que la Normandie sympathise à leur infortune.

---

1. 1877.
2. 1887 et 1893.

En mars 1876 un don de cinquante francs fut remis à M. le Curé de Sainte-Croix pour l'aider à fonder l'œuvre des Bons Livres, et, quatre mois plus tard, la Conférence intervenait pour deux cent quarante francs dans la somme importante que le Collège faisait parvenir aux incendiés de Gavray.

Durant l'année 1902 elle adressa cent francs aux victimes de la Martinique, par l'entremise de Mgr de Cormont ; et, récemment, elle s'unissait au deuil de la France, en glissant, dans l'aumônière des quêteurs, quatre-vingt trois francs pour les mineurs de Courrières.

*
* *

Ces diverses allocations permettent déjà d'entrevoir, Messieurs, que la Conférence a des ressources convenables. Son budget annuel s'éleva progressivement ; il se maintient, d'ordinaire, entre quinze cents et deux mille francs.

Palaprat s'écriait en belle humeur : « Pour avoir du succès, il faut avoir des dettes ». Nul ne blâmera la Conférence de le chercher par un autre chemin. D'où viennent donc ses capitaux ? Ici encore, nous n'avons nulle raison de nous taire, nous n'émargeons pas aux fonds secrets ! Des dons de toute provenance nous arrivent. Ils y en a de réguliers, et s'il ne fallait ménager la modestie de tel ancien membre présent, je remercierais un excellent docteur du traitement généreux auquel il nous soumet. D'autres dons sont extraordinaires, soit ces quatre-vingt-cinq francs que la Conférence toucha, en 1884, à la mort du comte de Chambord, soit ces cent cinquante-quatre francs qu'au cours de l'année 1860-1861 gagnèrent les élèves en aménageant la terrasse. Parmi ces pionniers se distinguait alors M. Quesnel, jetant déjà sur ce coin poétique de notre enclos les premiers feux d'une « ardeur » qui ne « s'éteint » pas.

Mais la caisse de la Conférence puise son aliment habituel dans les quêtes hebdomadaires faites en séance, dans les entreprises avantageuses que l'esprit industrieux des présidents organise, et surtout dans les loteries. La première date de 1857 : elle rapporta cent francs. Ce résultat excite votre sourire. Dès 1864, d'ailleurs, la loterie procura sept-cent-trente-cinq francs, et nous avons quelquefois doublé. C'est que nos lots sont agréables, surtout le gros lot que l'Association des Anciens Élèves nous offre depuis deux ans.

Ainsi, Messieurs, ont administré la Conférence, ainsi l'ont maintenue dans la voie du bon esprit et de la charité près de huit cents élèves. Nous en avons relevé la liste, aussi fidèle que la dressa la ponctualité des secrétaires. En parcourant lentement ces noms, depuis longtemps familiers à notre estime, pour nous rappeler, hélas ! ce qu'ils furent ou ce que, grâce à Dieu, ils sont encore ; en découvrant parmi eux la majorité de ces hommes de talent et de bien dont la vieillesse active commande le respect, dont la maturité remplit avec éclat des fonctions brillantes — Vicaires généraux, Chanoines, Archiprêtres, Supérieurs de Séminaires ou d'Etablissements et Professeurs de Facultés, Officiers, Avocats, Médecins ; — les plus laborieux et les plus vertueux de ces jeunes gens dont la droiture et l'entrain éveillent de nobles espoirs, nous constatons, à l'honneur de la Conférence, que ses membres constituent pour la plus grande part l'élite de cette Maison.

*
* *

Je m'attarde, Messieurs, oubliant la fine remarque de Montaigne : « A mesure que la mémoire de mes privés amis leur fournit la chose entière, ils reculent si arrière leur narration que si le conte est bon ils en étouffent la bonté ; s'il ne l'est pas, vous êtes à maudire ou l'heur de leur mémoire ou le malheur de leur jugement. J'ai vu des récits bien plaisants devenir très ennuyeux en leur bouche ». Et cependant, après avoir rappelé avec un luxuriant détail les menus faits de notre histoire, je dois vous présenter brièvement, comme dans un tableau d'ensemble, les résultats obtenus : autrement, vous n'emporteriez de l'œuvre qu'une idée imparfaite, et vous ne soupçonneriez peut-être pas ce qui se cache, sous l'aridité des statistiques, d'efforts consciencieux et de bien réalisé.

Si l'on compulse les budgets annuels, et que l'on établisse une moyenne générale, on peut avancer que la Conférence a distribué aux pauvres de Saint-Lo plus de quarante-cinq mille francs. Non contente de les entretenir de pain, de graisse, de vêtements, et de secourir ainsi efficacement leurs misères, elle a développé chez eux le goût de l'épargne en leur rendant avec des intérêts énormes — 25 % — leurs petites économies à l'échéance du terme. Elle a discerné, de plus, parmi les enfants de ses protégés, des élèves ecclésiastiques et concouru à leur éducation : plusieurs prêtres la récompensent aujourd'hui de son zèle par leur souvenir pieux, et davantage encore par leurs mérites.

Mais « l'homme ne vit pas seulement de pain ». Le pauvre, qu'aigrit l'injustice apparente du sort, porte en lui une sorte de rancœur dont il faut le guérir. On lui promet bien, sans doute, un avenir riant qui répartira uniformément la fortune, mais ce sont illusions de beaux esprits, curieux de fantômes, ou promesses d'ambitieux, friands d'honneurs. La solidarité même n'amènera point dans son âme la résignation, car si elle sauvegarde la justice, elle ignore la bonté. Pour agir sur les malheureux, il faut résolument s'inspirer du mot de saint Paul : « Qui donc souffre sans que je souffre moi-même de sa douleur ? » La Conférence, Messieurs, a compris son devoir. Les fêtes et les deuils de nos pauvres nous ont vus associés à leur peine et à leur joie. Naissances, premières Communions, Noces d'Or [1], obtiennent nos subsides et nos vœux ; les malades sont consolés par nos sympathies, autant que secourus médicalement par notre initiative ;une délégation enfin accompagne au cimetière le cercueil des défunts, tandis que l'on assure des messes et des prières à leur âme. Aussi s'est-il établi entre visiteurs et visités un lien cordial. D'anciens membres de notre Société, devenus étudiants ou soldats, établis même, continuent de s'intéresser aux familles qu'ils assistaient, et, vers le temps de Noël, leur adressent des secours. D'autre part, le nom de tel visiteur demeure ici ou là vivant et béni : l'éloge ne tarit pas sur les lèvres, la prière, dans le cœur.

Il se peut, Messieurs, que parfois nous nous méprenions. Mais celui qui se targuerait de n'être jamais dupe, alors même qu'il y parvînt, s'ôterait la joie d'être généreux. Ne vaut-il pas mieux imiter la miséricorde de Dieu, dont nos ingratitudes ne lassent point la bonté ?

Bienfaisante aux pauvres, la Conférence a pareillement exercé son influence salutaire sur les élèves. Beaucoup le proclament ; plusieurs nous l'ont écrit ; tous le reconnaissent dans le recueillement de leur conscience. Dieu estime à ce point la charité qu'il semble concentrer sur elle les privilèges de sa grâce : elle diminue l'infortune des uns et soutient ou préserve la vertu des autres. Oui, Messieurs, la Conférence de Saint-Vincent de Paul a eu ce précieux avantage d'ennoblir l'esprit

---

1. Le cas arriva en 1891.

des élèves et de fortifier leur cœur. En se familiarisant dès leur adolescence avec les tristes réalités de la vie, ils se sont habitués à ne plus se leurrer de chimères. Le commerce du pauvre a détruit ou amoindri en eux l'égoïsme, et ils se sont approprié le mot évangélique d'Ampère : « Je possèderais tout ce qu'on peut désirer pour être heureux, il me manquerait toujours le bonheur d'autrui ». En se groupant, d'ailleurs, pour faire le bien, ils ont mutuellement « provoqué entre eux une émulation de charité [1]. » Le désir de garder à la Conférence son renom, l'obligation de respecter les règles qui bornent son recrutement à l'élite, ont rendu silencieux plus d'un espiègle, docile, plus d'un frondeur. Que de vertus chancelantes s'affermirent ! Que de voies obscures s'illuminèrent, que de vocations se fortifièrent, se méritèrent peut-être ! Une parole de pauvre en éclaira, en toucha surtout plus que d'éloquents discours, car Dieu permet que les déshérités remercient de la sorte leurs bienfaiteurs, et qu'à tout prendre on ne puisse discerner qui profite davantage, du donateur ou du secouru.

Et plus tard, quand, sortis du Collège, l'épreuve les assaillit, et que leur foi traversa une crise périlleuse, est-ce que les réserves de grâces amassées autrefois dans l'exercice de la Charité ne leur ont pas ménagé le triomphe ? L'Ange dit au centurion Corneille : « Tes aumônes sont montées vers le Seigneur, et il s'est souvenu de toi [2]. » Nous ne saurons Messieurs, qu'au jour des révélations suprêmes quel acte méritoire nous a obtenu la faveur de Dieu ; mais combien encore ont retrouvé une prière sur leurs lèvres expirantes, pour l'avoir précisément fécondée ici par la vertu de l'Aumône ?

---

1. *Et consideremus invicem in provocationem caritatis et bonorum operum (Hebr. X; 3, 24).*
2. Actes, X, 4.

* * *

J'ai fini, Messieurs. Comme le laboureur s'arrête à l'orée de son champ pour contempler la surface onduleuse des moissons que le soleil a mûries, et se félicite de voir tant d'épis glorieux sortis des humbles grains confiés jadis au sillon, nous avons dénombré, l'un après l'autre, les résultats obtenus par la Conférence pendant un demi-siècle. La gerbe en est, à la vérité, peu fournie, et l'on taxera sans doute de nonchalante la faucille qui l'assembla. Mais si nous avons paru nous complaire dans notre tâche, c'est qu'au milieu des angoisses d'une époque incertaine, il est réconfortant de s'appuyer sur le passé. Le spectacle attristant des ravages que le mal multiplie autour de nous, désoriente parfois et souvent paralyse. A le voir s'infiltrer peu à peu dans la foule et l'immerger sous ses flots, on se laisse envahir par une poignante tristesse. Pourquoi lutter encore, tenter un effort de vertu, et ne pas plutôt se résigner dès maintenant aux fatalités qui nous guettent ? Les projets tramés dans l'ombre viendront-ils à la lumière, et après tant de ruines, dont l'écroulement nous a blessés, en devrons-nous bientôt déplorer de nouvelles ?

> Oh ! demain c'est la grande chose ?
> De quoi demain sera-t-il fait ?

Messieurs, loin de nous ces réflexions déprimantes : haut les yeux ; vaillantes, les âmes ! Jonathas condamné par Saül, son père, trouva dans le peuple un intercesseur, et de toutes parts s'éleva cette clameur suppliante : *Ergo ne moriatur Jonathas qui fecit salutem magnam in Israël.* Qui sait si devant Dieu — le Dieu charitable et rémunérateur de la Charité — l'œuvre de bienfaisance accomplie dans ce Collège cinquante années durant ne sera pas sa meilleure tutelle à l'heure du danger? « Je suis un homme d'espérance », déclarait Lacordaire aux membres de la Société de Saint-Vincent de Paul [1] : devise éminemment chrétienne, adoptons-la.

A l'œuvre donc, mes Enfants, pour qu'une abondante récolte réjouisse l'historien du centenaire. Vos aînés ont défriché le sol que votre zèle impatient rêve d'ensemencer.

Vous êtes bien leurs fils : c'est leur sang, c'est leur âme !

Le même dévouement vous attire, la même pitié vous émeut. Aussi, loin de jalouser votre ardeur, nous prions la Providence de vous laisser écrire de nobles pages, belles, pieuses, charitables à souhait ; et confiants dans la résurrection, si la mort arrêtait brusquement vos travaux, nous saluons avec une allégresse sereine l'aurore de cet avenir qui naît aujourd'hui pour la Conférence, et auquel les nuages orageux de l'horizon ne peuvent nous empêcher de sourire.

Ce discours, mainte fois applaudi, fut salué à la fin par une ovation chaleureuse.

Alors, S. G. Mgr Guérard prononça l'allocution suivante, fort goûtée de tous les auditeurs :

MON CHER AMI,

Je vous remercie de nous avoir exposé en si beaux termes et en un langage aussi chaleureux le bien accompli. Vous donnez, dans une narration substantielle et très intéressante, la raison de ces bénédictions choisies que Dieu s'est plu à

---

1. 5 Mars 1841.

répandre sur le Collège de Saint-Lo, le Corps professoral et les Élèves. Vous avez fait clairement comprendre que la plus haute des vertus c'est la Charité : non seulement elle vivra encore en nous, comme l'enseigne l'Apôtre, lorsque la Foi et l'Espérance auront disparu, mais les œuvres de bienfaisance que d'une main généreuse elle sème par le monde immortalisent son souvenir. Le Christ a, d'ailleurs, pratiqué mieux que personne cette grande vertu. Il était riche, et il s'est fait pauvre; compatissant à nos misères, il a daigné nous accompagner en notre exil et enrichir notre pauvreté, *Quoniam propter vos egenus factus est, cum esset dives* [1].

Vous avez donc voulu à votre tour, mes Enfants, vous constituer les protecteurs des pauvres. Quelle belle pensée vous inspire ! Et comme, en entendant retracer tout le bien accompli par vos aînés et par vous depuis cinquante ans, je me réjouissais et bénissais Dieu ! Vous avez vu dans le pauvre le représentant de Notre-Seigneur. Que cette idée vous soutienne d'abord : qu'elle stimule votre énergie et l'accroisse. Faites-vous ensuite les apôtres de cette idée, afin que la bienfaisance devienne de plus en plus une œuvre de charité. Ainsi vous aurez largement contribué à la glorification du catholicisme.

Je me garderai de vous louer : vous avez mérité l'approbation de Dieu, ce qui est meilleur. Oui, mes Enfants, la bonté divine a fidèlement consigné vos démarches, vos efforts, vos générosités. Elle s'en souviendra. Déjà ne s'en est-elle pas souvenue en vous accordant le succès aux examens et surtout en conservant votre esprit, votre cœur, votre volonté dans les pensées, les sentiments et les résolutions dignes d'un baptisé? Et sur cette Maison que de grâces ! On vous le rappelait éloquemment tout à l'heure, l'horizon est

---

1. II. Cor. VIII. 9.

sombre; si je puis parler ainsi, le tonnerre gronde sur vous. Et cependant, moi aussi, j'ai confiance dans l'avenir, car je me souviens de cette parole consolante de saint Jean Chrysostome : « *Non memini mala morte mortuum qui eleemosynam libenter tribuerit pauperi.* » Ce Collège florissant a fait trop de bien pour qu'il disparaisse sans retour. Peut-être souffrira-t-il momentanément, mais un jour, avec la grâce de Dieu, il renaîtra pour continuer son action bienfaisante.

Ce qui me plaît dans votre œuvre, mes Enfants, c'est que vous ne vous préoccupez pas seulement de secourir les misères matérielles, mais que vous vous efforcez de consoler les malheureux en pénétrant leur âme de la doctrine de vérité. Vous avez eu l'heureuse pensée d'établir une bibliothèque à leur usage. Il faut, en effet, répandre les bons conseils par le moyen des bonnes lectures. Ce qui corrompt actuellement la classe populaire, ce sont toutes ces lectures lamentables qu'on lui offre gratuitement et qu'elle dévore avec une passion désolante. Ah ! si vous pouviez dans la mesure de vos forces endiguer le torrent ! Donnez aux pauvres des pensées surnaturelles : d'abord des pensées plus morales et ensuite un esprit plus chrétien. Arrêtez-les sur la voie de leurs mauvais penchants, calmez leurs murmures, apaisez doucement leur révolte, qui, si nous n'y prenons garde, entraînera fatalement la société aux abîmes.

Mais, tout en songeant aux pauvres, préoccupez-vous de vous-mêmes. *Nemo dat quod non habet,* dit fort judicieusement un vieil adage scolastique. Pour donner aux autres un esprit surnaturel, il faut en être rempli soi-même ; plus nous en serons riches, plus nous pourrons en être prodigues. Soyons fermement catholiques, je ne dis pas seulement pratiquants, mais sincèrement pieux. Et que votre piété, éclairée par l'étude et appuyée sur les raisons fournies par la foi, résiste à tout vent d'erreur. Saint Paul critiquait cette piété superficielle qui est funeste à la vie intérieure, *Habentes speciem quidem pietatis, virtutem autem ejus abnegantes* [1]. La vôtre, mes Enfants, sera de bon aloi.

Hommes de piété, vous serez, de plus, des hommes de devoir. Loin de vous borner à conserver les qualités que vous a données la Providence, vous les cultiverez pour les faire fructifier au centuple. Vous lutterez contre vos petits défauts, et vous vous exercerez activement à la vertu. Les biens terrestres passent; seuls, les biens éternels méritent notre estime. — Est-ce que l'honneur consiste à recevoir des dignités, à s'enrichir? Nullement, mais à vivre en homme vertueux: *vir ex virtute*. On ne réalise pleinement sa destinée qu'à ce prix. Vous essaierez donc d'être des hommes vertueux, non en vous préoccupant de briller par des actions d'éclat, mais en donnant autour de vous des conseils salutaires, et surtout en proposant à l'imitation de votre entourage une vie irréprochable.

Enfin, vous êtes soldats de Jésus-Christ. Le sacrement de Confirmation vous en a donné le titre et la grâce. Luttez donc vaillamment pour le bon Dieu et défendez son Église. Ne descendez point au rang de ces esprits frivoles qui, enthousiastes un jour, s'immobilisent le lendemain, et moins encore au rang de ceux qui désertent lâchement leur poste quand l'ennemi paraît et menace.

On lit dans la vie de sainte Thérèse, qu'en apprenant la mort de saint Pierre d'Alcantara, elle fut ravie en extase et aperçut l'humble serviteur de Dieu rayonnant de gloire. Comme elle s'étonnait, une voix céleste se fit entendre:

---

1 II. Timoth. III, 5.

« C'est son obéissance, inconnue des hommes, qui lui a valu cette faveur. » Eh bien ! mes Enfants, répondez à l'appel pressant que l'on vous adressait tout à l'heure. Mettez-vous courageusement à l'œuvre; que vos travaux soient petits, insignifiants même devant les hommes, qu'importe ? Si vous les faites avec des vues surnaturelles, Dieu vous en récompensera. Et dès ici-bas vous exercerez une grande influence sur le prochain, car la Charité est irrésistible. Ainsi vous imiterez saint Vincent de Paul dont on a voulu copier les œuvres, mais dont on a contrefait seulement la charité toutes les fois que l'on a méconnu son esprit d'abnégation et de dévouement. Daigne ce grand Saint bénir vos efforts et vous accorder la grâce de servir utilement les causes sacrées qui font battre vos jeunes cœurs, Dieu et la France.

De vifs applaudissements remercièrent Sa Grandeur de ses paroles éloquentes, délicates et pieuses. Puis, une quête au profit des pauvres fut faite par les membres de la Conférence.

Le programme de la fête comportait encore l'exécution de *Gallia*, de Gounod; mais la mort récente et si regrettée de l'excellent Maître de Chapelle, M. Hétuin, obligea d'y renoncer.

Les assistants se rendirent alors à la Chapelle où Mgr l'Évêque présida le Salut solennel d'Actions de grâces.

Voici comment la presse locale a rendu compte de la fête. Nous remercions les Directeurs et les auteurs de leur bienveillante sympathie.

La Semaine Religieuse de Coutances et Avranches,
— paraissant sous le haut patronage de Mgr l'Évêque : —

Le Cinquantenaire de la Conférence de S. Vincent de Paul au Collège diocésain de Saint-Lo.

En 1833, quelques étudiants de Paris se réunissaient aux bureaux de la *Tribune Catholique*, et fondaient la première Conférence de charité, dans le but, dit Ozanam, « de joindre l'action à la parole, et d'affirmer par les œuvres la vitalité de notre foi ». Les débuts furent modestes, mais Dieu qui se plaît à user des moyens en apparence les plus simples récompensa par le succès l'ardeur de ces jeunes gens : de Paris, leur œuvre se répandit dans la France entière, et en peu de temps s'établit dans la plupart des villes.

Vers 1850, une Conférence de Saint-Vincent de Paul se constituait à Saint-Lo. En 1855, le Collège suivit l'exemple de la cité et installa une semblable société. Le 9 juin 1856, cette dernière était agrégée à celle de Paris, et le 2 juillet suivant, l'inauguration en fut solennellement présidée par Mgr Daniel.

La Conférence du Collège célébrait donc cette année son cinquantième anniversaire. Dans la grande Salle des fêtes prenait place, le mardi 26 juin, une assemblée « où la distinction le disputait au nombre ». S. G. Monseigneur l'Evêque présidait, entouré de M. l'Abbé Lepetit, Vicaire général, et de M. le Chanoine Guérard. Autour d'eux on remarquait. . . . . .

Après une cantate en l'honneur de saint Vincent de Paul, exécutée par la maîtrise du collège, Monseigneur donna la parole à M. l'Abbé Grente, Directeur de la Conférence, et chargé à ce titre de nous présenter les résultats obtenus par l'œuvre depuis sa fondation. De l'avis unanime ce fut un discours de forte pensée et d'agréable ordonnance, et les assistants furent heureux de rendre hommage à l'art et au goût judicieux avec lesquels il avait été composé. M. le Rapporteur avait voulu concilier ces deux choses : édifier et plaire. Les applaudissements qu'il a recueillis sont la preuve de son succès. Il nous retraça les origines de la Conférence, son organisation actuelle, les moyens qu'elle emploie pour exercer le ministère de la charité, le bien qu'elle a répandu autour d'elle, les avantages qu'en ont retiré pour eux-mêmes les sociétaires de toutes les époques, et, de la sorte, il nous fit saisir l'heureuse vitalité d'une œuvre d'apostolat.

A peine installée, la Conférence du Collège de Saint-Lo eut à sa tête le Père Ad. Perraud, le futur cardinal-évêque d'Autun. En ces premiers temps sans doute,

> Les beaux projets et les beaux zèles
> Y faisaient l'essai de leurs ailes.

Le P. Perraud sut heureusement diriger cette ardeur naissante et inspira aux jeunes gens l'amour de la charité. Le P. Lemonnier, qui lui succéda, poursuivit son œuvre : la Conférence eut bientôt acquis son organisation définitive et fonctionna normalement. M. Grente nous fait assister à une séance de cette assemblée, « miniature d'un parlement ». Tous prennent part aux travaux et aux discussions, tous doivent s'y intéresser. Le secrétaire donne, avec plus ou moins d'humour, le procès-verbal de la réunion précédente. Le trésorier expose « le mouvement financier de la semaine ». Les membres rendent compte de leur visite aux pauvres. Puis ils discutent les mesures à prendre, et votent, s'il y a lieu, sur l'admission des candidats. Enfin le Directeur fait une exhortation de circonstance, car le but de cette œuvre est, en définitive, de développer « l'esprit d'abnégation et la délicatesse du cœur ».

C'est aussi pour obtenir ce résultat que, chaque semaine, les membres de la Conférence, accompagnés par des professeurs, visitent leurs pauvres. Ils s'acquittent de cette tâche, non seulement avec dévouement, mais aussi avec tact. La Société pourrait prendre comme devise cette maxime : « La manière de donner vaut mieux que ce qu'on donne ». Surtout ils ont à cœur de montrer aux pauvres « qu'ils croient à l'égalité des âmes devant le Père commun des cieux », et dans cet esprit ils ne doivent pas craindre de prononcer la parole de foi qui encourage et qui console.

De toutes manières, dans la Conférence, la piété est en honneur : des prières et des messes pour les pauvres, pour les anciens sociétaires défunts, de nombreux actes de piété le prouvent surabondamment. Et quel ressort serait aussi puissant que la religion pour donner à l'œuvre « une certitude de vigueur et une garantie de durée » ?

Tels sont les moyens employés par la Conférence du Collège pour atteindre son but. Elle a, d'ailleurs, reçu de précieux encouragements, et M. le Rapporteur, après avoir donné les noms de personnages qui tour à tour parurent au fauteuil présidentiel des séances solennelles, remercie Mgr Guérard de l'empressement avec lequel il accepta de présider la cérémonie des Noces d'Or. Il rappelle en passant le souvenir de cette « femme intelligente et pieuse » qui, à Rennes, fut un exemple d'apostolat et de charité et qu'on voyait « monter d'un pas alerte aux mansardes, insouciante de quatre-vingts ans passés ». Les traditions charitables de ses fils ont pour garant le culte même qu'ils professent pour elle.

Le bien accompli par la Conférence s'est manifesté de toutes les façons. Grâce à son budget annuel qui se maintient entre quinze cents et deux mille francs, combien d'allocations ont été accordées avec libéralité ! 45.000 francs environ représentent les secours distribués aux pauvres de Saint-Lo. Ces chiffres parlent d'eux-mêmes, et prouvent, en même temps que la vitalité de la Conférence, le zèle et les efforts des 800 élèves qui, depuis l'origine, en ont fait partie.

Ces élèves, d'autre part, trouvent dans l'Association, pour leur vertu d'aujourd'hui et pour leur persévérance de demain, de précieux avantages. Il est difficile de discerner « qui profite davantage du donateur ou du secouru... Et combien ont retrouvé une prière sur leurs lèvres expirantes pour l'avoir précisément fécondée au collège par la vertu de l'aumône. »

Tel fut le passé de la Conférence Saint-Vincent de Paul. Que sera l'avenir ? C'est le secret de Dieu. Mais M. Grente rappelle le mot de Lacordaire : « Je suis un homme d'espérance. » Et il ajoute : « Devise éminemment chrétienne : adoptons-là. »

Lorsque cet éloquent discours eut pris fin, Monseigneur félicita le Rapporteur d'avoir présenté son compte-rendu « en si beaux termes et dans un langage aussi chaleureux ». Puis, s'adressant aux élèves, Sa Grandeur fit l'éloge de la charité, qui nous fait compatir aux malheurs d'autrui, à l'exemple du Christ, pauvre et ami des pauvres. Il faut voir dans l'indigent le représentant de N. S. et par conséquent tout ce qu'on fait pour lui est enregistré par la bonté divine et devient la source de grâces et de mérites.

Et l'on doit non seulement secourir les pauvres, mais aussi les moraliser, mettre à leur disposition des bibliothèques, répandre parmi eux les bonnes lectures, leur inspirer des idées plus saines, plus honnêtes ; c'est le meilleur moyen de « combattre leurs murmures, leurs révoltes, leur esprit d'indiscipline qui nous entraînera fatalement aux abîmes ».

Mais pour donner aux autres des sentiments surnaturels, il faut en être soi-même pénétré. Les membres de la Conférence devront donc être des hommes de vertu, combattant leurs défauts et faisant profession d'aimer Dieu.

En outre, ils seront de ceux qui n'abandonnent pas l'Église, et ils n'iront pas prendre rang parmi ces prétendus catholiques « qui, aujourd'hui pleins d'enthousiasme, dès le lendemain tournent lâchement le dos à l'ennemi ». Il n'est pas besoin d'accomplir des actions d'éclat : il suffit de soutenir fidèlement la cause de Dieu tout au moins par des conseils et par des exemples.

C'est à ce prix, conclut Sa Grandeur, qu'il est possible d'exercer une influence sur le prochain et d'imiter Vincent de Paul, ce grand saint « dont on a voulu copier les œuvres, mais dont on n'imitera jamais la perfection, l'amour et le dévouement ».

M. Ad. Hétuin, la veille même de sa dernière maladie, préparait pour cette séance une des plus célèbres cantates de Gounod, *Gallia*. L'exécution n'en put avoir lieu. La mort de ce Maître de Chapelle, d'une grande science et d'un incomparable dévouement, ne fut pas sans inspirer d'unanimes et sympathiques regrets.

Après l'allocation de Monseigneur, tous les assistants se rendirent à la Chapelle pour un salut d'actions de grâces. Ils remercièrent Dieu des faveurs qu'Il avait accordées à la Conférence, et Lui demandèrent de la rendre de plus en plus prospère. Quelles que soient, en effet, les incertitudes de l'avenir, il ne convient pas de désespérer. Monseigneur rappelait avec à propos en l'appliquant au Collège, le mot de saint Jean Chrysostôme : « Il ne peut succomber, celui qui a secouru les pauvres ». Et alors même que les œuvres viendraient à disparaître nous devons demeurer confiants en leur résurrection. Aussi, avec M. le Rapporteur de la séance de ce cinquantenaire, il nous est permis de saluer « l'aurore de cet avenir qui naît aujourd'hui pour la Conférence et auquel les nuages orageux de l'horizon ne peuvent nous empêcher de sourire ».   E. L.

Le Courrier de la Manche :

Le Cinquantenaire
de la Conférence de Saint-Vincent de Paul, au Collége.

Si quelque étranger curieux demandait où peuvent aller ces groupes de jeunes élèves du Collège, qui, chaque semaine, vers une heure de l'après-midi, parcourent les rues de notre cité, et qu'il s'adressât à l'un de ces hommes qui sont demeurés stables au milieu de la perpétuelle disparition des évènements, il en recevrait cette réponse : « Il y a cinquante ans que je rencontre des jeunes gens de cet âge, à pareil jour, à pareille heure, et, depuis cinquante ans, ils remplissent, je le sais, la même mission de bienfaisance auprès des familles indigentes de notre ville ! » Or, de cette institution charitable qui s'appelle la Conférence de Saint-Vincent de Paul, on célébrait les Noces d'Or le mardi 26 juin.

La fête fut tout intime, car des deuils récents et les circonstances pénibles que traverse l'Eglise de France, jetaient une teinte de mélancolie sur une cérémonie qui, célébrant la Charité, aurait dû être éclatante. Du moins elle fut distinguée. Autour de Mgr l'Evêque, président de la solennité, on apercevait un clergé d'élite et un certain nombre de laïques des plus en vue par leur réputation et leurs bonnes œuvres.

La séance commença par une cantate en l'honneur de saint

Vincent de Paul, et puis l'on entendit le rapport du Directeur de la Conférence du Collège. C'est un hymne vraiment splendide, en l'honneur de la Charité, que M. l'Abbé Grente, a voulu chanter ; par ses accents, il ravit les auditeurs, les excita à l'amour du pauvre, en même temps qu'il les émerveilla par le récit des pieuses et parfois héroïques générosités de jeunes gens de dix-huit ans. Aussi, était-il bon que cette parole échappât à l'étroite enceinte du Collège, et que d'autres, absents de cette fête, pussent se procurer les mêmes joies littéraires et les mêmes émotions ; ils auront ce plaisir dans quelques jours, nous le savons.

M. Grente raconte d'abord la fondation de la Conférence du Collège, en 1856 ; il dit la puissante vitalité qu'obtint cette réunion de charité sous la direction du futur cardinal Perraud et du très regretté P. Lemonnier, et il envoie à ces deux grands morts « l'hommage d'un souvenir qui ne peut disparaître ni s'atténuer » ; et puis l'orateur nous dévoile sans détours tous les rouages de cette Conférence, l'organisation de la petite assemblée « qui offre la miniature d'un parlement et donne aux jeunes gens le moyen de prendre des décisions personnelles qui seront de conséquence ».

Mais quels en sont les résultats matériels, demandera un homme pratique ? Eh bien, les voici : 45.000 francs ont été distribués aux pauvres sous toutes les formes, vêtements, pain, loyers, etc. ; et de plus, les grandes catastrophes, les suprêmes douleurs, celles qui arrachent des cris de détresse au monde entier, n'ont pas trouvé insensible le cœur de nos jeunes gens. Les blessés de la guerre d'Italie, les sinistrés de la Guadeloupe, les inondés du Sud-Ouest de la France en 1875, les incendiés de Gavray, etc., etc., et hier encore les victimes de la Martinique ou de Courrières reçurent l'humble et délicate obole de la générosité.

Quant aux âmes chrétiennes, elles apprendront avec joie, que les membres de la Conférence de Saint-Vincent de Paul, auxquels il faut, pour être heureux, le bonheur des autres, se font en outre porteurs de bonne parole et essaient de mettre en pratique le grand précepte de la fraternité chrétienne ; d'ailleurs, ils sont souvent les obligés de leurs pauvres : « que de vertus chancelantes s'affermirent au contact de la souffrance ! que de voies s'illuminèrent ! que de vocations se fortifièrent, se méritèrent peut-être ! Combien ont retrouvé une prière sur leurs lèvres expirantes pour l'avoir précisément fécondée ici par la vertu de l'aumône ».

Que sera l'avenir, se demande l'orateur en terminant ?

De quoi demain sera-t-il fait ?

Il veut, malgré tout, répéter la parole du P. Lacordaire : « Je suis homme d'espérance ! » et il convie les jeunes à une abondante moisson qui réjouira l'historien du centenaire ; aussi « salue-t-il avec une allégresse sereine l'aurore de cet avenir qui naît aujourd'hui pour la conférence et auquel les nuages orageux de l'horizon ne peuvent nous empêcher de sourire ».

Mgr l'Evêque, auquel M. Grente a rappelé en termes exquis son amour des pauvres et la grande Charitable que fut sa mère, directrice à 80 ans passés de l'Œuvre de la Maternité à Rennes, remercie l'orateur de son rapport distingué ; il ne s'étonne plus désormais que son cher Collège soit béni de Dieu. Comment pourrait-il en être autrement, continue éloquemment Mgr Guérard, lorsque des jeunes gens s'inspirent avec autant de foi des préceptes du Christ, portent aux pauvres et le pain qui nourrit et la parole qui fortifie ? L'avenir est sombre assurément, il pourra même devenir effrayant ; mais le Christ, au nom de ses amis privilégiés les pauvres, nous donnera la force de supporter la tempête, et, un jour, bientôt peut-être, nos œuvres atteintes, mais non détruites par la tourmente, réapparaîtront plus vigoureuses et plus belles.

La fête se termina par un salut du Saint-Sacrement, au cours duquel on remercia Dieu du bien accompli pendant cinquante ans ; en même temps, on Lui demanda de nous obtenir un peu de cette liberté dont on prononce le nom avec tant d'emphase, mais que l'on renie si effrontément, en réalité.

J. M.

Le Journal de la Manche et de la Basse-Normandie, — Républicain Progressiste — :

Une fête de la charité, au Collège de Saint-Lo.

Le Collège diocésain célébrait mardi dernier les Noces d'Or de sa conférence de Saint-Vincent de Paul. Mgr Guérard présidait la réunion très distinguée que l'on vit en cette circonstance dans la Salle des fêtes. Les tristesses actuelles de l'Église catholique en France et les deuils récents du Collège ont empêché les fêtes brillantes auxquelles nous étions accoutumés. On a du renoncer même à l'exécution du *Gallia*, de Gounod, que M. Hétuin, de regrettée mémoire, avait préparé pendant les dernières semaines de sa vie. Mais le rapport de M. l'Abbé Grente nous a largement dédommagés, en nous fournissant un délicieux régal littéraire, et, ce qui vaut mieux, une exhortation pressante et encourageante à la pratique de la charité.

Qui ne se soucie autour de nous du sort des malheureux ?
Les socialistes promettent inconsidérement de supprimer la
pauvreté. Des utopistes prônent l'altruisme et la solidarité, —
les grandes vertus laïques de notre époque, — sans que les
classes inférieures sortent de leur état pitoyable. Pourquoi
donc s'éloigne-t-on de l'Evangile la vraie source de la bienfaisance, le premier Code qui ait prescrit la charité et l'ait
rendue efficace. Les leçons du Christ, devenu pauvre pour
enrichir tous les hommes, ont suscité les plus magnifiques
dévouements de la part de ses disciples et produit la plus
belle œuvre de philanthropie. Voilà ce que nous prouvait
une fois de plus l'admirable discours de M. Grente.

Le Christianisme, pour ne parler que des temps modernes,
a enfanté Vincent de Paul, le plus populaire des saints.
L'exemple de M. Vincent a déterminé, il y a 70 ans, Ozanam
et ses condisciples à fonder les Conférences qui portent le nom
du héraut de la Charité. Et que de bien réalisé dans toutes
nos villes par ces « Messieurs de Saint-Vincent », connus seulement des bons vieillards et des petits enfants appelés à pro-
fiter de leur bienfaisance !

On a eu l'heureuse idée d'associer les jeunes gens des Éta-
blissements chrétiens à l'œuvre catholique et sociale pour-
suivie par les Conférences de Saint-Vincent de Paul. Dès le
14 novembre 1855, quatre ans seulement après l'ouverture du
Collège libre de Saint-Lo, Mgr Daniel y présidait à l'organisation de la Conférence ; il revenait en constater les heureux résultats, le 2 juin de l'année suivante. Que de bons fruits elle a
portés depuis lors !

Les Conférenciers de la Ville apportèrent à leurs jeunes
frères du Collège, pour diriger leurs premiers pas, un précieux
concours. L'œuvre fut singulièrement favorisée aussi par
l'impulsion très délicate de ses premiers Directeurs, le

P. Perraud, devenu dans la suite Cardinal-Évêque d'Autun, Membre de l'Académie Française, et le P. Lemonnier, dont toute la vie fut consacrée au Collège de Saint-Lo, qui atteignit son apogée pendant son supériorat de 26 années. Ces deux prêtres éminents ont reçu, cette année même, la récompense promise par le Maître de nos destinées à quiconque donne un verre d'eau aux pauvres en son nom.

« Les hommes passent, mais les œuvres restent ». Quand la Conférence fut confiée à d'autres Directeurs, moins fameux peut-être mais non moins zélés, elle continua de prospérer ; à elle seule, elle pourrait réconforter les timides et les pessimistes, trop enclins à répéter autour de nous la parole de J. Simon : « Nous craignons seulement qu'il n'y ait plus d'apôtres ».

Que de jeunes gens, qui devaient se distinguer dans le sacerdoce ou les professions libérales, ont senti leur zèle s'éveiller dans ces réunions hebdomadaires où des collégiens discutent les intérêts des pauvres ! Modèles des Députés, nous disait-on, les Membres de ce Parlement cherchent seulement à s'éclairer et à bien servir leurs administrés, sans aucun souci de leur propre avantage, s'arrêtant toujours devant la dispute. Depuis 50 ans, les générations diverses, où se signalèrent Louis Ollivier, Paul Lepoultel, Jules Blouet, se sont ingéniés à découvrir les 1.500 ou 2.000 francs que l'on distribue aux pauvres chaque année. Pourtant, « nous n'émargeons pas aux fonds secrets », avoue le Directeur actuel de la Conférence.

Sans doute ceux qui ne connaissent pas l'Évangile taxeraient d'exagération ce que nous leur dirions des faits et des chiffres cités par M. Grente, dans son rapport. Mais tous ceux qui l'ont entendu purent applaudir sans hésiter au récit de ces merveilles inspirées beaucoup plus par la grâce divine que par la seule générosité du cœur humain. L'esprit de foi transporte les montagnes, proclame le Christ, il fait aussi passer les trésors du riche dans les mains du pauvre. Voilà ce qu'aucune autre religion n'a produit et ce qui fait la principale gloire de la nôtre.

C'est parce que les élèves du Collège de Saint-Lo sont chrétiens qu'ils ont accepté le rôle de frères-quêteurs, au bénéfice des mendiants. C'est parce qu'ils ont lu le Sermon sur la Montagne, médité le mot de saint Paul : « Qui donc souffre, sans que je souffre moi-même de sa douleur ? » que ces écoliers font taire leur répugnance et savent vaincre à l'occasion la légitime délicatesse de leur nature, qu'on les rencontre dans la cabane des miséreux, près du lit des infirmes, comme de simples sœurs de charité. — Pour entretenir et pour développer en eux cet amour sublime des humbles, ils cultivent, nous dit-on, la piété et se forment eux-mêmes à la virilité et à la vertu qu'ils doivent communiquer aux pauvres, pour fortifier leurs âmes, en même temps qu'ils leur donnent l'aliment matériel.

Tout en nous exposant ces idées dans sa magistrale conférence, où l'éclat de la forme ne le cédait en rien à la noblesse des sentiments, M. l'Abbé Grente nous cita un exemple particulièrement touchant de charité chrétienne. L'héroïne n'était autre que la vénérable mère de Mgr Guérard. On nous l'a peinte gravissant, à 80 ans, les escaliers des pauvres jusqu'aux derniers jours de sa vie, qui se terminait quelques mois avant que l'aîné de ses trois fils fut préconisé Évêque de Coutances.

Sa Grandeur, tout émue par ce souvenir intime, si délicatement rappelé, n'ajouta qu'une conclusion au discours du Rapporteur : *Charitas non excidit !* « La Charité n'a pas de terme ». La foi, l'espérance ne trouvent point de place au Ciel, parce que les bienheureux sont en possession de l'objet entrevu et désiré d'ici-bas. Ils n'ont plus rien à croire, parce qu'ils voient, rien à attendre puisqu'ils possèdent Tout. Mais ils doivent toujours aimer le Dieu qui les a créés pour la vie éternelle et leurs frères, associés à leur perpétuel bonheur.

A la Chapelle, un Salut d'actions de grâces clôtura cette séance imposante, qui, nous l'espérons, donnera un nouvel élan à la Conférence de Saint-Vincent de Paul du Collège diocésain et promet par le fait de n'être pas inutile pour les pauvres de Saint-Lo.   L. L.

LISTE

DES MEMBRES

DE LA

Conférence de S. Vincent de Paul

1856-1906 *

A

1893-94 d'Aboville Nicolas

1900-01 Achard de Leluardière André.

1865-66 Achard de Leluardière Henri.

1892-93 Achard de Leluardière Joseph. T.

1867-68 Achard de Leluardière Stephen. P.

1865-66 Adam Léon.

1896-97 Adde Jules. P.

1877-78 Adde Victor.

1858-59 d'Alcochète Frédéric.

1860-61 Alix Florentin.

1863-64 Allaire Jean.

1861-62 Amy Frédéric.

1874-75 André Ernest.

1863-64 Angérard Edmond. T P.

1869-70 Anger Louis.

1900-01 Angot Louis.

1887-88 Angot Pierre.

1870-71 Arlin Gabriel.

1874-75 Aubrée Jules.

*La date qui précède chaque nom marque l'époque de l'*admission* dans la Conférence à titre de membre *actif*.

Les lettres P., S., ou T. qui en suivent quelques-uns indiquent que le titulaire a exercé les fonctions de Président, de Secrétaire ou de Trésorier. Si deux de ces lettres sont consignées, — par exemple S. P. — c'est que l'on a successivement rempli la charge de Secrétaire et de Président.

1879-80 AUBRY Cyrille.
1897-98 AUBRY Désiré.
1898-99 AUBRY Paul.
1887-88 AUMONT Joseph.
1875-76 AUMONT Louis.

1877-78 AUPINEL Eugène. P.
1888-89 AUVRAY Constant.
1868-69 AUVRAY Georges.
1860-61 AUVRAY Jacques.

B

1855-56 BAIZE.
1858-59 BAIZE Alfred.
1865-66 BALLEROY Léon.
1899-00 BANVILLE Marc. P.
1899-00 BARBÉ Jean-Baptiste.
1901-02 BATICLE René.
1874-75 BAUDRY Charles. S.
1883-84 BAZIRE Albert.
1883-84 BAZIRE Edmond.
1870-71 BÉATRIX Emile.
1898-99 DE BEAUCOUDRAY Jacques
1891-92 DE BEAUCOUDRAY Jean.
1894-95 DE BEAUCOUDRAY Louis. T.
1901-02 BEAUFILS Gilles. T.
1899-00 BÉRARD Gustave.
1869-70 BERNARD Jules.
1888-89 BERNARD Victor.
1894-95 BERTRAND Aristide.
1880-81 BESNARD Pierre.
1900-01 BEUVE Albert.
1883-84 BEUVE Victor.
1859-60 BÉZARD Amand.
1870-71 BÉZARD Armand.
1882-83 BIGOT Anatole.
1889-90 BIGOT René. S.

1900-01 BLAISOT Robert.
1892-93 BLANDAMOUR Armand. P.
1893-94 BLANDAMOUR Louis T.
1865-66 BLIN Alfred.
1858-59 BLIN Jacques. S.
1897-98 BLIN Michel.
1903-04 BLOUET Eugène.
1880-81 BLOUET Jules. T. P.
1900-01 BOIS Jean-Baptiste.
1868-69 BOISSEL Sénateur.
1870-71 BOIVIN Henri. P.
1899-00 BON Cénéric.
1886-87 DE BONNAY, Félix.
1872-73 BOSCQ Ernest.
1888-89 BOSQUET Joseph.
1892-93 BOUGOURD Raphaël.
1880-81 BOUILLON Eugène.
1887-88 BOULLOT Jean. S.
1884-85 BOUVATTIER Henri.
1888-89 BRIANT Léon.
1880-81 DE LA BROÏSE Adolphe. S.
1884-85 DE LA BROÏSE Jean. P.
1902-03 BURNEL Charles.
1903-04 DE BUSSY Louis.

C

1856-57 CABART Pierre.
1873-74 CAILLARD François.
1888-89 CAILLARD Jean-Bapt^te. P.
1894-95 CAILLARD Joseph.
1859-60 CAILLARD Victor.
1897-98 CAILLARD Victor.
1890-91 CAILLOUÉ Henri.
1898-99 CALENGE Louis.
1896-97 CANUET Léon.
1869-70 CAROUGE Edouard.
1880-81 CAROUGE Victor.
1897-98 CARNET Pierre.
1868-69 CARUEL Auguste.
1855-56 CARUEL Léon. S.
1868-69 CARUEL Léon.
1868-69 CARUEL Victor.
1876-77 CATHERINE Léon.
1888-89 CAUBRIÈRE Joseph.
1875-76 CAUVET Pierre.
1864-65 CAVEY Pierre.
1858-59 CAZENEUVE Théodore.
1868-69 CÉRON Emile.
1889-90 CHAPDELAINE Auguste.
1888-89 CHAPON Alexandre.

1894-95 CHATEL Octave.
1883-84 CHAULIEU Paul.
1869-70 CHAUVIN Amédée.
1896-97 DE CHEFFONTAINES Pierre
1893-94 CHENEZ Jules.
1902-03 CHIRON Joseph.
1896-97 CHOUX Louis.
1885-86 CLOUARD Henri. T.
1861-62 COCHARD Paul.
1884-85 COLIN Almyre.
1896-97 COLLACE Alfred.
1888-89 COLLARD Henri.
1899-00 COLLETTE Amand.
1902-03 COLLEY Eugène.
1900-01 COLIGNY Auguste.
1878-79 CONFIANT Jules.
1897-98 COQUELIN Louis.
1863-64 COSTARD Paul.
1869-70 COUBRUN Pierre.
1858-59 COUILLARD Arthur.
1855-56 COUILLARD Auguste.
1899-00 COUROIS Charles.
1875-76 COUSET Zacharie. P.

D

1881-82 DAMECOUR Louis.
1905-06 DAUVERGNE Jules.
1904-05 DAUVERS Maurice.
1896-97 DAVID Eugène. S.
1898-99 DAVY Alphonse.
1902-03 DAVY Paul-Emile.

1862-63 DEBOSKRE Jean-Bapt^te.
1863-64 DEFENOUILLÈRE Eugène.
1864-65 DELACOUR Alexandre.
1892-93 DELAFOSSE Alfred.
1885-86 DELALANDE Arthur.
1890-91 DELAMARE Edouard. P

1856-57 DELANGLE Xavier.
1879-80 DELAPLANCHE René.
1898-99 DELAUNE Adrien.
1863-64 DELAUNE Emile.
1892-93 DELISLE Gaston.
1891-92 DELISLE René.
1871-72 DEPÉRIERS Alfred.
1883-84 DÉPRET Albert.
1905-06 DÉPRET Raoul
1901-02 DESDEVISES Pascal. S.
1858-59 DESDOUITILS François. S
1890-91 DESHAYES Albert.
1896-97 DESHAYES Eugène.
1855-56 DESHEULLES.
1869-70 DESHOGUES.
1857-58 DESJARDINS Jules. T.
1889-90 DESLANDES Louis.
1881-82 DESPLANQUES Ed.
1899-00 DESPLANQUES Emile.
1868-69 DESREZ Henri.
1855-56 DESVAGES.
1865-66 DEUX François.
1888-89 DIEU Georges.
1897-98 DOLBET François.
1881-82 DORANGE Louis.
1865-66 DOUCHIN Edmond.
1864-65 DROUVASSAL Amand.
1897-98 DROYER Charles.

1881-82 DUBOIS Charles.
1873-74 DUBOIS Eugène. S.
1882-83 DUBREUIL Eugène.
1891-92 DUBREUIL Paul.
1863-64 DUCHEMIN Tranquille.
1904-05 DUCLOS Octave.
1885-86 DUDOUIT Aimable.
1902-03 DUDOUIT Louis.
1898-99 DUFOUR Octave.
1882-83 DUMESNIL François.
1879-80 DUMESNIL Maximien.
1896-97 DUPONT Georges.
1891-92 DUPREY Auguste.
1871-72 DUQUESNAY Louis.
1896-97 DUQUESNEY Georges.
1865-66 DURAND Jules.
1876-77 DURAND Louis.
1888-89 DURCHON Bernardin.
1873-74 DUREL Augustin. P.
1864-65 DURET Emile.
1864-65 DURET Pierre.
1895-96 DURIER Albert.
1868-69 DURIER François.
1873-74 DURIER Victor.
1876-77 DURIER Jules.
1876-77 DURIER Louis.
1879-80 DUSOIR Etienne.
1862-63 DUVEY Raymond.

E

1876-77 ENCOIGNARD Alexandre.
1893-94 ENCOIGNARD Julien.

1879-80 ENCOIGNARD Louis.
1903-04 ENÉE Marcel.

1888-89 Esnouf Paul.
1901-02 Eudeline Auguste.
1902-03 Eudes Charles.

1887-88 Eudes Emile.
1869-70 Eudes Louis.

F

1901-02 Falaise Auguste.
1878-79 Faucon Albert.
1855-56 Fauvel.
1880-81 Fauvel Arthur.
1876-77 Fauvel Constant.
1877-78 Fauvel Léon.
1887-88 Fauvel Pierre.
1886-87 Favier Léon.
1888-89 Febvrier Victor.
1901-02 Féret Georges.
1905-06 Fernagut Maurice.
1876-77 Ferré Auguste.
1883-84 Ferré Emile.
1879-80 Février Albert.
1905-06 Flandin Henri.
1901-02 Flandin Joseph. S.
1876-77 Flandin Pierre T.
1866-67 Foisil Henri.
1883-84 Fontaine Léonce.
1863-64 Fortier Augustin. S.

1882-83 Fossard Aimable.
1860-61 Fossard Louis.
1863-64 Fossard Louis. T.
1877-78 Fossard Louis.
1889-90 Foubert Alphonse.
1890-91 Foubert Désiré.
1903-04 Foucard Marcel.
1890-91 Fouchard Auguste.
1887-88 Fouchard Louis.
1890-91 Fouché Octave.
1856-57 Fouque Edmond. S.
1890-91 Fournerie Georges.
1904-05 Fournière Léon.
1904-05 Fras Pierre.
1905-06 Frémanger Charles.
1871-72 Fressinet de Bellanger Marc.
1861-62 Frestel Arsène.
1902-03 Frilley Louis. S.
1873-74 Fromage Pierre. S.

G

1896-97 Galland Maurice.
1871-72 Galochet Victor.
1893-94 Gambier Octave.
1865-66 Gancher François.

1878-79 Garabis Jules.
1886-87 Gardie Louis.
1858-59 Gardye Jules. T.
1883-84 Garnier Félix.

1858-59 GAUTIER Casimir. T.
1871-72 GAUTIER Jean.
1878-79 GAUTRON Alcide.
1855-56 GENET. S.
1856-57 GERMAIN Emile.
1885-86 GERMAIN Joseph.
1900-01 GERMAN Albert. —
1905-06 GIBERT Alfred.
1855-56 GILBERT.
1857-58 GILBERT Arthur. S. P.
1880-81 GILLAIN Georges.
1904-05 GILLES Paul.
1855-56 GIRARD. P.
1883-84 GIRARD Auguste.
1878-79 GIROT Emile. P.
1905-06 GODARD Michel.
1875-76 GODEFROY Maxime. S.
1903-04 GODEFROY-LAVALLÉE
    Abel.
1901-02 GODEFROY René.
1878-79 GODEMER Louis.
1869-70 GOHIER Cyrille.
1889-90 GOHIER Alexis.

1895-96 GOHIER Auguste.
1900-01 GORÉ Francis.
1878-79 GOSSELIN J.
1900-01 GOSSET Léon.
1884-85 GOULET Jean-Baptiste.
1884-85 GOULET Jules.
1888-89 GRENTE Georges. T.
1892-93 DE LA GROUDIÈRE Louis.
1904-05 GUÉRET Etienne.
1899-00 GUÉRIN Charles.
1889-90 GUÉRIN Ernest.
1899-00 GUÉRIN Henri. —
1894-95 GUÉRIN Louis.
1895-96 GUÉRIN Pierre.
1870-71 GUIDON - LAVALLÉE Ri-
    chard.
1896-97 GUILBERT Edmond.
1880-81 GUILBERT Prosper.
1904-05 GUILLAUME Albert.
1865-66 GUILLON Eugène.
1857-58 GUILLOT.
1897-98 GUILLOT André.
1868-69 GUILLOT Gaëtan.

H

1894-95 HAIRON Maurice.
1900-01 HAMEL Louis.
1875-76 HAMEL Lucien. S.
1889-90 HAREL Louis.
1886-87 HAVARD Paul. T.
1855-56 HÉBERT.
1867-68 HÉBERT Armand.
1884-85 HÉBERT Auguste.

1888-89 HÉBERT Joseph.
1874-75 HÉBERT Jules.
1904-05 HEBERT Jules.
1894-95 HÉBERT Louis.
1865-66 HECQUARD Jean.
1892-93 HECQUARD Louis. T.
1864-65 HÉDOUIN Alcide.
1884-85 HÉLAINE Aimable.

1899-00 HÉLAINE Louis.
1868-69 HÉLAINE Paul.
1887-88 HÉLIE Auguste.
1860-61 HÉLIE Victor. T. P.
1858-59 HENRY Cyrille
1893-94 HENRY Pierre.
1882-83 HERBERT Alfred. P.
1874-75 HERBIN Charles.
1874-75 HEREMBOURG Albert.
1902-03 HERIS Charles
1879-80 HERMAN Fernand.
1871-72 HERMAN Jules.
1905-06 HERVIEU Georges.
1874-75 HERVIEU Jean-Baptiste.

1901-02 HEURTEAUX Georges.
1883-84 HINARD Alphonse.
1868-69 HINARD Flamand. S.
1898-99 HOULGATTE Léon.
1885-86 HOUSSIN Auguste. S.
1893-94 HOUSSIN Eugène. P.
1886-87 HUAULT Jean-Baptiste.
1889-90 HUE Eugène.
1898-99 HUE Henri.
1905-06 HULIN Ambroise.
1903-04 HUREL Alexandre.
1893-94 HUS Ernest.
1879-80 HUS Jules.

J

1896-97 JAMES Julien.
1864-65 JAYET Charles.
1869-70 JEAN Désiré.
1870-71 JEAN Louis.
1889-90 JEANNE Anthime.
1868-69 JEANNE Hippolyte.
1871-72 JEANNE Louis.

1901-02 JEHANNE René.
1878-79 JOUANNE Victor.
1868-69 JOUENNE Armand.
1903-04 JOURDAN Paul. P.
1897-98 JOURDAN Pierre.
1886-87 JUDITH Léon. P.
1892-93 JUGAN Louis.

L

1871-72 LAFORGE Jules.
1898-99 LAIGNEL Eugène.
1893-94 LAINEY Emile.
1877-78 LAISNEY Casimir. S.
1880-81 LAISNEY Richard. T.
1858-59 LAMBERT Charles. S.

1893-94 LAMBERT Pierre.
1898-99 LAMBEZAT Christian
1894-95 LANDAIS Gustave.
1890-91 LANDRY Bernard. T. P.
1865-66 LANGEVIN Auguste.
1896-97 LANGEVIN Eugène.

1859-60 Langlois Amand.
1890-91 Langlois Noël.
1865-66 Larsonneur Clermont.
1866 67 Larsonneur François
1900-01 Larsonneur Louis.
1883-84 Lasquier François.
1873-74 Launay Emile. —
1904-05 Lavalley Alphonse.
1865-66 Lavalley Désiré.
1901-02 Lebachelier Théophile.
1890-91 Lebailly Jules.
1869-70 Lebailly Victor.
1901-02 Leblindre Alexandre.
1862-63 Lebel Eugène.
1872-73 Lebidois Louis.
1868-69 Leblastier Albert.
1897-98 Leblastier Albert.
1871-72 Leblond.
1868-69 Lebœuf Paul. P.
1868-69 Leboucher Onésime.
1899-00 Leboulleur Ernest. T.
1899-00 Leboulleur Louis.
1904-05 Lebouteiller Edmond.
1905-06 Lebouteiller Louis.
1868-69 Lebouvier Eugène. P.
1895-96 Lebreton Charles.
1863-64 Lebreton Paul.
1897 98 Lebrun Alcime.
1894-95 Lebrun Eugène.
1886 87 Lebrun Léon. T.
1894 95 Lebrun René,
1865-66 Le Campion Adolphe.
1859-60 Le Campion Paul.
1885-86 Lecanu Auguste.
1878-79 Lecaplain Cyrille.

1875-76 Lecardonnel Edouard.
1901-02 Le Carpentier Louis.
1883-84 Lecathelinais Jules. T.
1896-97 Lecaudey Désiré. T.
1894-95 Lecellier Léon.
1903-04 Le Charpentier Constant.
1899-00 Lechartier Aldéric.
1880-81 Lechevallier Amand.
1862-63 Lechevallier Auguste.
1861-62 Lechevallier Denis. S.
1873-74 Lechevallier Eugène. —
1880-81 Lechevallier Victor. P.
1894-95 Leclerc Jules.
1870-71 Le Clerc René. S.
1868-69 Lecluze.
1878-79 Lecluze Désiré. S.
1882-83 Lecluze Joseph.
1899-00 Lecœur Pierre. T.
1885-86 Lecoq Benoni.
1885-86 Lecoq Emile. P.
1893-94 Lecolley Aimable.
1897-98 Lecomte Emile.
1878-79 Leconte Gustave.
1858 59 Leconte Pierre.
1882-83 Le Cornu Edmond. S.
1897-98 Lecorvaisier Paul.
1901-02 Lecoursonnais Félix.
1870 71 Le Couteux Léon.
1903-04 Le Crosnier Edouard.
1859-60 Lecuyer Jean-Baptiste.
1873-74 Ledormeur Eugène.
1888-89 Ledran François.
1867 68 Leduc Louis.
1901-02 Lefaudeux Emile.

1888-89 LEFEBVRE Pierre.
1894-95 LEFÈVRE Achille.
1863-64 LEFÈVRE Albert.
1882-83 LEFÈVRE André.
1857-58 LEFÈVRE Arsène.
1895-96 LEFÈVRE Charles.
1894-95 LEFÈVRE Jean. S.
1894-95 LEFÈVRE Joseph.
1861-62 LEFÈVRE Jules.
1873-74 LEFÈVRE Martial.
1871-72 LEFILLATRE Paul.
1892-93 LEFOL Ferdinand.
1857-58 LEFORESTIER.
1858-59 LEFORESTIER Charles.
1855-56 LEFRANC.
1897-98 LEFRANC Fernand.
1897-98 LEFRANC Maurice.
1882-83 LEFRANÇOIS Pierre.
1884-85 LEGALLAIS Aimable.
1868-69 LEGARDIEN Eugène. S.
1874-75 LEGARDIEN Jules. T.
1873-74 LEGRAND Amand.
1888-89 LEGROS Alexandre.
1856-57 LEGUERRIER Théodore.
1870-71 LEHERPEUR Jean-Bapte.
1881-82 LEHERPEUR Laurent.
1892-93 LEHERPEUR Michel.
1890-91 LEHOT Eugène. T.
1896-97 LEHOUSSU Léon.
1885-86 LELANDAIS Gustave.
1890-91 LELIÈVRE Eugène.
1903-04 LELIÈVRE Jules.
1889-90 LELOUP Etienne.
1860-61 LELOUTRE Jules.
1902-03 LELUBÉE Auguste.

1890-91 LEMAITRE Albert. P.
1875-76 LEMAITRE Jean.
1880-81 LEMAITRE Jean-Marie.
1885-86 LEMAITRE Louis.
1890-91 LEMAITRE Paul.
1882-83 LEMARCHAND Jules.
1860-61 LEMARE Louis.
1855-56 LEMARINEL Auguste. T.
1897-98 LEMARINEL Pierre.
1882-83 LE MASSON Cesari. T.
1873-74 LEMASSON Georges.
1863-64 LEMASURIER Floscel. S.
1873-74 LEMAZURIER Emile.
1877-78 LEMAZURIER Josué.
1858-59 LEMELOREL Amédée.
1891-92 LEMOINE Albert.
1887-88 LEMOINE Clément.
1896-97 LEMOINE Henri.
1899-00 LEMOINE Louis.
1878-79 LEMOINE Paul.
1894-95 LEMOINE Victor.
1855-56 LEMONNYER Auguste.
1889-90 LEMONNYER Emmanuel. S.
1879-80 LENAVETIER Pierre. P.
1880-81 LENESLEY Georges.
1898-99 LENFANT Georges.
1863-64 LENOIR Eugène. P.
1895-96 LENOIR Victor.
1880-81 LENORMAND Louis.
1869-70 LENVOISÉ Adolphe.
1871-72 LEPAGE Henri.
1884-85 LEPAGE Louis. S.
1899-00 LEPAISANT Albert.
1887-88 LEPAS Eugène. T.
1896-97 LEPECQ Maurice. P.

1863-64 LEPECQ René.
1886-87 LEPELTIER Gustave.
1869-70 LEPETIT Jean.
1890-91 LEPILEUR Aimé.
1871-72 LEPOIL-SÉNART Antoine.
1865-66 LEPOULTEL Paul. P.
1855-56 LEPOURRY Louis. T.
1860-61 LEPOURRY Jean.
1900-01 LEPRÉVOST Jules.
1887-88 LERAY Emile.
1888-89 LEREDDE Prosper.
1880-81 LERENARD Edouard.
1855-56 LERENDU.
1869-70 LERENDU Jules.
1861-62 LEROSEY Auguste. S.
1873-74 LEROY Charles.
1890-91 LEROY Charles.
1903-04 LE ROY, Ernest.
1890-91 Le Roy Paul.
1891-92 LEROYER Jules.
1861-62 LESAVOUREY Jean.
1879-80 LESCALIER Auguste.

1871-72 LESCOT Octave.
1904-05 LESENEY Henri.
1897-98 LESOUEF Albert.
1873-74 LETOT Auguste.
1892-93 LETOT Hyacinthe.
1888-89 LETOURNEUR Félicien.
1865-66 LETOUZÉ Alphonse.
1880-81 LETOUZÉ Joseph.
1863-64 LEVALLOIS Alcime.
1875-76 LEVALLOIS Emile.
1898-99 LEVATOIS Marc.
1892-93 LEVATOIS Pierre.
1881-82 LEVEILLÉ Albert.
1862-63 LEVERRAND François T.
1887-88 LEVESQUE Armand.
1873-74 LOISEL Florent.
1855-56 LOQUET. T.
1875-76 LOYER Victor.
1899-00 LUCAS Charles.
1895-96 LUCAS Gustave. S.
1868-69 LUCAS Louis.
1902-03 LUCE Paul.

M

1856-57 MABIRE Charles.
1892-93 MABIRE Eugène.
1899-00 MAGDELAINE Léon. T.
1897-98 MAILLARD Joseph.
1903-04 MALASSIS Alphonse.
1892-93 MANCEL Jean-Baptiste. S.
1855-56 MAQUEREL Auguste. S.
1860-61 MAQUEREL Aimable.
1903-04 MARAIS Joseph.

1883-84 MARESQ Charles.
1880-81 MARIE Ernest.
1896-97 MARIE Fernand.
1902-03 MARIE Gaston.
1887-88 MARIE Joseph.
1884-85 MARIE Louis.
1884-85 MARIE Victor.
1855-56 MARIETTE.
1861-62 MARIETTE Auguste.

1894-95 MARIETTE Léon.
1897-98 MARIETTE Paul.
1874-75 MARION Désiré.
1888-89 MARTIN Sylvain. S.
1865-66 MAUVIEL Jules. T.
1873-74 MAZIER Jean.
1891-92 MÉNARD Louis.
1869-70 MÉNARD Victor.
1903-04 MÉQUET Jules.
1880-81 MESNAGE Victor. S.
1902-03 DU MESNILDOT Auguste.
1865-66 MESNILDREY Eugène.
1888-89 METTE Joseph.
1898-99 MENNIER Alphonse. T.
1865-66 MICHAU Charles.

1863-64 MICHAU Julien.
1903-04 MODESTE François.
1894-95 DE MONS Henri.
1886-87 DE MONS Robert.
1870-71 MONTAIGNE Octave.
1870-71 MONTITON Paul.
1902-03 MONTCUIT Albert.
1902-03 DE MONTHUCHON Pierre.
1889-90 MOREAU François.
1888-89 MOREL Charles.
1877-78 MOREL Emile.
1890-91 MOREL Emile.
1903-04 MOSQUET René.
1856-57 MOUTIER.

N

1896-97 NÉEL Arsène.
1875-76 NÉEL Victor.
1865-66 NICOLLE Edmond.

1899-00 NOEL Henri.
1897-98 NOYON Georges.

O

1858-59 OLLIVIER Louis. P.
1862-63 OSOUF Jean-Baptiste.

1902-03 OSMOND Louis. P.
1883-84 OZENNE Jules.

P

1864-65 PAIN Gustave.
1855-56 PALLIX.
1881-82 PANNIER Félix.

1888-89 PANNIER Louis.
1865-66 PARFOURU Paul.
1892-93 PARIS Albert.

1878-79 Paris Edmond. T.
1900-01 Paris Pierre. S. P.
1885-86 Pasquet Octave. S.
1882-83 Patris Félix. S.
1895-96 Pelcoq Alfred. P.
1902-C3 de Percin Jean. T. P.
1880-81 Périer Pierre.
1892-93 Périne Fernand.
1882-83 Péronne Jules. T. P.
1856-57 Péronne.
1905-06 Perrée Alexandre.
1895-96 Pézeril Lucien.
1897-98 Picault Emile. S.
1889-90 Picot Alfred.
1877-78 Piédagnel Albert. T. S.
1877-78 Piel Eugène.
1892-93 Pien Victor.
1887-88 Pierre Henri.
1877-78 Pigeon Jules.

1870-71 Pignet.
1903-04 Pigney Georges.
1888-89 Pimor Louis.
1889-90 Pinchon Désiré.
1896-97 Piquet François.
1892-93 Piton Paul. S.
1875-76 Plot Albert.
1894-95 Poisson Auguste. S.
1870 71 Pontis Henri.
1889-90 Poret Charles.
1871-72 Postel Théodore. P.
1868-69 Potier de Courcy Louis. —
1893-94 Potier de la Varde Robert.
1896-97 Pouchin Eugène.
1878-79 Pousset Joseph.
1899-00 Provost Louis.
1868-69 Puppin Adrien.

Q

1870-71 Quesnel Hyacinthe.
1894 05 Quesnel Léon.

1869-70 Quesnel Pierre.
1888-89 Quesnel Pierre.

R

1890-91 Radiguer Charles.
1896-97 Ragonnet Charles.
1884-85 Raoult Gustave. P.
1894-05 Raoult Louis.
1886-87 Rauline Albert.
1876-77 Rault Paul.

1872-73 Regnault Alexandre. P.
1882-83 Regnault Bernard.
1871-72 Regnault Paul,
1874-75 Regnault Pierre. P.
1882-83 Renouf Charles.
1897-98 Richette Fernand.

1899 00 RIOULT André.
1902-03 ROBINNE Joseph.
1890-91 ROBLOT René.
1886 87 ROGER René.
1867-68 ROSSELIN Félix.

1873-74 ROUGEUL Lucien.
1895-96 ROULLAND Henri.
1903-04 ROULLAND Louis.
1880-81 ROUSSEL Louis.

S

1902-03 SAILLARD André. T.
1855-56 SAILLARD. P.
1883-84 SAINT Amédée.
1887-88 SAINT Emmanuel.
1886-87 SAINT Jean.
1895-96 DE SAINT-DENIS Emile. T.
1870-71 DE SAINT-JORES Joseph. T.
1867-68 SANSON Léopold.
1884-85 SAROT Léon.
1886-87 SASSIER Félix.

1888 89 SASSIER Pierre.
1886-87 SASSIER René.
1874-75 DU SAUSSEY René
1870-71 SAUSSEY Edouard.
1871-72 SAUVEGRAIN Louis. T.
1870-71 SAVARY Auguste.
1865-66 SAVARY Marcel.
1855-56 SIMON Albert.
1902-03 SIMON Léon.
1865-66 SIMON Victor.

T

1867-68 TABARD Eugène.
1896 97 TAILLANDIER Clotaire.
1865-66 TALBOT Louis.
1870-71 TANQUEREY Adolphe.
1862-63 TANQUEREY Charles.
1890-91 THIÉBOT Paul S.
1866-67 THOUROUDE Albert.
1866-67 THOUROUDE Eugène.
1896-97 TOLLET Henri.
1878-79 TOREL Louis.
1899-00 TOULORGE Adrien. P.

1889-90 TOURAILLE Emile.
1888-89 TOURAILLE Louis. P.
1883-84 TOUZARD Jules.
1905-06 TRAVERS Eugène.
1899-00 TRAVERS Jules.
1861-62 TROCHON Charles.
1900 01 TROUDE Auguste.
1861-62 TROUDE Jules.
1891-92 TROUDE Louis.
1875-76 TRUFFAUT Alfred. S.
1859-60 TURGOT Victor.

V

1897-98 VALLÉE Eugène. P.	1903-04 VESVAL Desiré.
1890-91 VARDON Alexandre.	1903-04 VIDELOUP Arthur.
1903-04 VASTEL Albert.	1876-77 VILAIN Anatole.
1857-58 VASTEL Octave.	1880-81 VILLAIN Clément.
1871-72 VAUTIER Edouard.	1904-05 VILLALARD Hippolyte.
1869-70 VAUTIER Ernest.	1890-91 DE VILLIERS Joseph.
1902-03 VENDE Henri.	1878-79 VIMARD Auguste. T.
1903-04 VERGNIOLE Pierre. T.	1882-83 VIVIER Alfred.
1863-64 VERSCHAFFEL Camille.	1872-73 VOISIN Marcellin.

Y

1878-79 YBERT Achille.	1888-89 YVER Léon.

www.ingramcontent.com/pod-product-compliance
Lightning Source LLC
Chambersburg PA
CBHW051143050726
47594CB00003B/1223